Les jeunes étoiles

Les jeunes étoiles DU BASEBALL

COLLECTION CRABTREE « LES JEUNES PLANTES »

Taylor Farley

Traduction : Claire Savard

Crabtree Publishing

crabtreebooks.com

Jouons au baseball!

CONRAD #23
ZZ #10
LEE #12

Nous avons besoin de deux **équipes**.

C’est à ton tour
de frapper.

Le receveur est prêt avec son **gant** de baseball et son casque.

Le lanceur lance
la balle.

Sois prudent! Si tu as trois **prises**, tu es retiré.

Tu frappes la balle très fort.

Un voltigeur essaie de l'attraper.

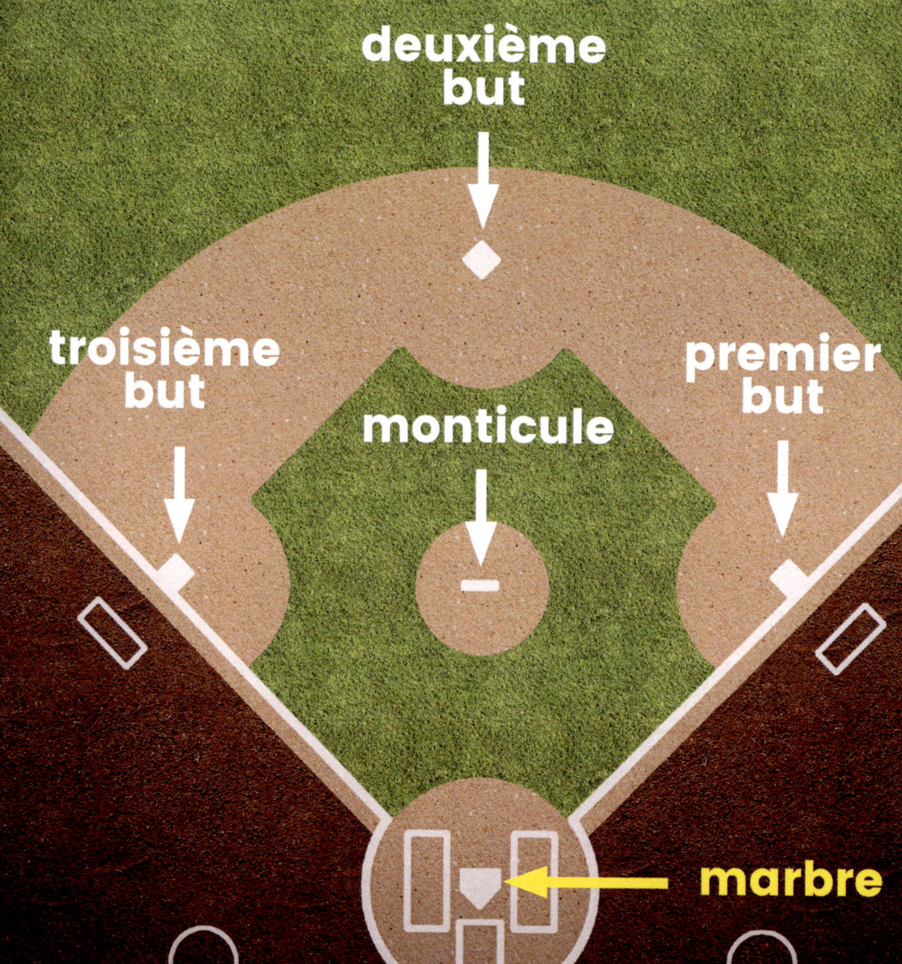
champ extérieur
deuxième but
troisième but
premier but
monticule
marbre

Vite! Cours autour des **buts** pour te rendre au marbre.

Tu viens de faire un **coup de circuit**!

Glossaire

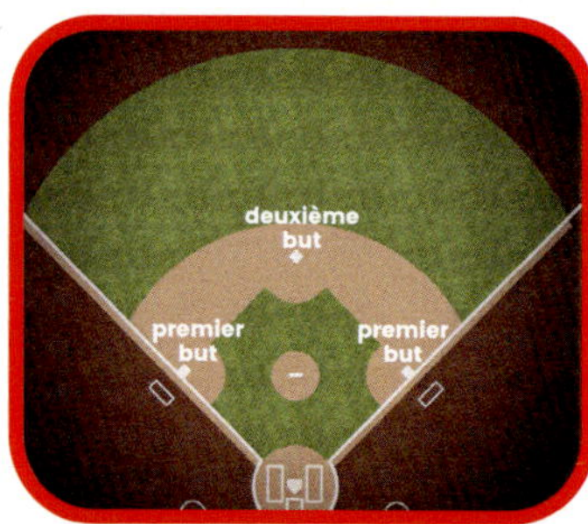

buts (bu) : Il y a trois buts sur le terrain de baseball. Il y a le premier but, le deuxième but et le troisième but.

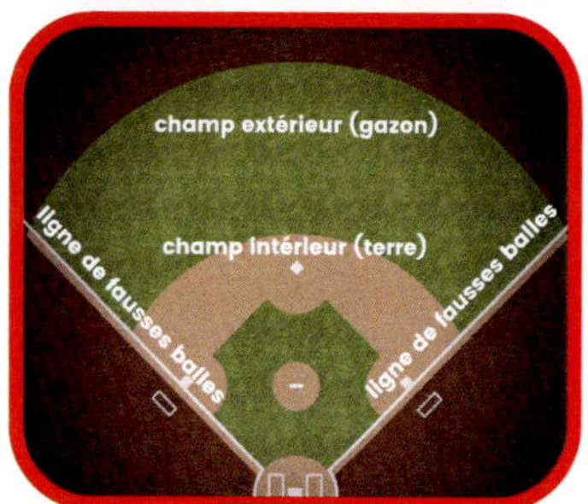

champ extérieur (shan ex-té-ry-eur) : Le champ extérieur est l'espace derrière le champ intérieur et à l'intérieur des lignes des limites du jeu.

coup de circuit (cou de cir-cui) : Un frappeur marque un coup de circuit s'il est capable de contourner les trois buts jusqu'au marbre en un seul coup.

équipes (é-kip) : Les équipes sont un groupe de personnes qui pratiquent un sport ensemble, du même côté.

gant (gan) : Le gant de baseball est fait de cuir rembourré.

prises (pri-ze) : Les prises sont les lancers du lanceur que le frappeur en s'élançant rate.

Index

Soutien de l'école à la maison pour les gardien(ne)s et les enseignant(e)s.

Ce livre aide les enfants à se développer grâce à la pratique de la lecture. Voici quelques exemples de questions pour aider le(a) lecteur(-trice) à développer ses capacités de compréhension. Des suggestions de réponses sont indiquées.

Avant la lecture

- **Quel est le sujet de ce livre?** Je pense que ce livre parle de jouer au baseball. Il pourrait nous apprendre les règlements du baseball.
- **Qu'est-ce que je veux savoir sur ce sujet?** Je veux savoir quelles sont les différentes positions au baseball.

Durant la lecture

- **Je me demande pourquoi…** Je me demande pourquoi le frappeur porte un casque.
- **Qu'est-ce que j'ai appris jusqu'à présent?** J'ai appris qu'il y a les frappeurs, les receveurs, les lanceurs et des joueurs dans le champ extérieur.

Après la lecture

- **Nomme quelques détails que tu as retenus.** J'ai appris les différentes parties d'un terrain de baseball. Il y a le marbre, le premier but, le deuxième but, le troisième but, le monticule et le champ extérieur. Les buts ont la forme d'un carré.
- **Écris les mots peu familiers et pose des questions pour mieux comprendre leur signification.** Je vois le mot *équipes* à la page 5 et le mot *prises* à la page 12. Les autres mots de vocabulaire se trouvent aux pages 22 et 23.

Crabtree Publishing

crabtreebooks.com 800-387-7650

Version imprimée du livre produite conjointement avec Blue Door Education en 2021.

Auteur : Taylor Farley
Traduction : Claire Savard
Coordinatrice à l'impression : Candice Campbell

Hardcover	978-1-4271-5021-9
Paperback	978-1-4271-3663-3
Ebook (pdf)	978-1-4271-3731-9
Epub	978-1-4271-5003-5
Read-along	978-1-0398-0395-4
Audio book	978-1-4271-4985-5

Imprimé aux États-Unis/CP032026

Publié au Canada par Crabtree Publishing
616 Welland Avenue
St. Catharines, Ontario
L2M 5V6

Publié aux États-Unis par Crabtree Publishing
347 Fifth Avenue
Suite 1402-145
New York, NY 10016

Crédits photos : Couverture et p. 14 © rmanera - istockphoto; p. 2-3, 4-5 © Joseph Sohm - shutterstock; p. 6-7 © Andrew Rich - istockphoto; p. 8-9 © Rob Friedman - istockphoto; p. 10 et 16-17 © tammykayphoto - shutterstock; p. 13 © Skip ODonnell - istockphoto; p. 18 © Antony McAulay - shutterstock; p. 21 © Ben Conlan - istockphoto

Catalogage avant publication de Bibliothèque et Archives Canada
Titre: Les jeunes étoiles du baseball / Taylor Farley.
Autres titres: Little stars baseball. Français. | Du baseball
Noms: Farley, Taylor, auteur.
Description: Mention de collection: Les jeunes étoiles | Collection Crabtree "Les jeunes plantes" | Traduction de : Little stars baseball. | Traduction : Claire Savard. | Comprend un index.
Identifiants: Canadiana (livre imprimé) 20210156805 | Canadiana (livre numérique) 2021015683X | ISBN 9781427136633 (couverture souple) | ISBN 9781427137319 (HTML) | ISBN 9781427150035 (EPUB)
Vedettes-matière: RVM: Base-ball—Ouvrages pour la jeunesse.
Classification: LCC GV867.5 .F3714 2021 | CDD j796.357—dc23